선인장이 불러들인 새

안상용 시집

문학의전당 시인선
355

선인장이 불러들인 새

안상용 시집

문학의전당

시인의 말

만난과 이별, 우연과 필연, 자의와 타의는
영원할 거란 착각 속에 살았다.

생성과 소멸은 찰나에 지나지 않을 것이다.

빗방울이 유리창에 와 닿을 때
나뭇잎이 가지를 떠날 때
바람이 꽃을 만날 때

찰나의 떨림,

그때 시가 내게로 왔다.

2022년 11월
안상용

차례

제2부

제3부

제4부

제1부

웃어봐

살면서 웃을 날 얼마나 될까,
항상 먹구름 낀 표정으로 살아왔는데
거울 속 너를 봐
행복해 보이니?
찌든 얼굴, 축 처진 어깨
웃음기 없는 표정은 어둡기만 하지?
웃을 일이 없다고?
아니, 웃는 방법을 모르는 것일 거야
웃어봐,
웃어야 예쁜 마음이 보여
화난 게 아니라면
눈을 지그시 감고
입꼬리를 살짝 올려 봐
거봐, 따라만 해도 기분 좋아지잖아
때로는 거짓 웃음도 필요해

밥이라도 얻어먹으려면
웃어야지

유리창

비바람이 거칠다
창밖에서 엿보는 시선이 많은 날에는
끝없는 질문과 의심이 꼬리를 문다

고독사한 뻐꾸기시계의 시그널은 무엇이었을까
벽을 타고 내리는 비 그림자의 촉감은 어떨까
처마 밑 비둘기 둥지에 온기는 있겠지
불안한 밤거리의 불빛이 비틀거린다

창문을 두드리는 나뭇가지,
그럼에도 굳게 걸린 빗장

어느새 안방 벽을 타고 내려와
턱밑까지 올라온 어둠을 들추고 나를 겁탈한다

초경에 놀란 소녀의 밤처럼
유리창에 비친 자화상은
흑백이다

비가 그쳤다
내가 던진 고독이
유리창을 깨뜨릴 것이다

편지

복사꽃 흐드러진 연분홍 하늘
당신 얼굴에도 봄이 왔네요

수줍게 나눈 맹세
복사꽃 필 때면 생각나요

연지곤지 찍고 행복해하던 얼굴이
복사꽃을 아무 때나 피우는 중년이 되었네요

엄마로, 아내로 살아온 여정을 누구보다 잘 알지요
알뜰살뜰 꾸려온 당신을 내가 알지요

이 말밖에 해줄 게 없네요

당신 참, 좋다
봄 햇살만큼이나

개가 웃는다

달을 뜯어먹던 개가 웃는다
지나가기만 해봐라,

꼬리를 흔드는 나를 보고 웃는다
나보고 짖어보란다

지나가려고 울부짖었다
달이 웃는다

에끼, 바보 같은 사람아
배알도 없는 개만도 못한 사람아

네발짐승이 되어 짖는다
자존심까지 버린다

달이 비웃어도
길바닥이 따귀를 때려도
목구멍이 포도청이다

내 가슴에 작은 별 하나 있다

지난겨울
베란다 귀퉁이로 밀려나
얼어 죽었을 거라던 덩치 큰 화분,
게발선인장 마디마다 기약 없는 손길에
흙내음도 맡아보지 못하고 말라버린
가늘고 하얀 뿌리가 애처롭다

최소한의 그리움으로
버텼으리라

보고 싶지 않더라도
그냥 눈길만이라도 스쳤더라면
잘 지내고 있느냐고
무뚝뚝한 말 한마디라도 건네주었더라면
이렇게 돌이킬 수 없을 만큼
방치는 하지 않았을 텐데

정작 내 작은 정원 속 너에게만

소홀했었다

혹시나 하며
부러질 듯 말라비틀어진 가지에 물을 주는
내 간사한 마음속에
연분홍 꽃망울이 맺혔다

나비 날다

나비 한 마리 자동차 앞 유리에 앉아
연약한 날개를 접고 뚫어지게 바라보고 있다

무슨 말을 하려는 듯
힘겹게 기어올라 눈을 맞춘다

행복하냐고,
행복했었냐고

어디든 갈 수 있는
날개를 가졌느냐고

바람 등에 업혀
하늘을 누릴 수 있느냐고

폭포

봄은 아직 한창인데
퍼질러 놓은 저 춘정, 어쩔거나

꽃물 빠진 진달래 꽃잎 골짜기를 돌고 돌아
곧은 절벽을 거침없이 내리꽂는다

보라,
저 우람하게 곧추선 물기둥을

골 바닥을 뚫을 기세로 쏟아져 내리는
저, 욕정 어쩔거나

터질 듯 팽배한 물줄기의 교성
선홍빛 물보라로 산화해버려도 좋아라

이팝

봄 햇살에
이팝나무가 뜸이 들었다

바라만 봤을 뿐인데
헛배가 부르다는 상상조차
그녀에게는 사치인가 보다

온기 마른 연탄 창고 벽에 달라붙은 볕도
냉수 한 사발에 무너진 트림도
귀퉁이를 빳빳하게 말아 올린
비닐장판에 눌려 경계가 무너진 아랫목도
방바닥 냉기가 내뱉은 입김까지도 사치다

쌀독 깊이 손을 넣어보지만
아무것도 닿지 않는다

항아리에 달라붙은 한 톨의 울분이
빈 독에 빠진 시선을 붙잡을 뿐

갈라진 발뒤꿈치가 운다
쩍, 장판도 따라서 운다

민들레

무작정 걷다가
보도블록에 걸려 넘어진 봄을 보았다

시선이 수줍은 듯
납작 엎디어 주변을 살피고 있다

훑고 지나가는 바람에
밟혀 부러질 텐데

눈길조차 차가운 곳에서
꽃을 피웠다

몰래 피운 그리움
하얗게 여위어 훨훨 날리는 날

뒤꿈치를 깨무는 목숨,
봄날은 간다

멸치 똥

늦은 아침
무거운 머리를 부여잡고 냉수 한 사발 들이킨다

멸치 똥을 따고 있는 도끼눈과 마주친다
괜스레, 멸치 하나 입에 넣으니
바다 내음 비릿하다

슬그머니 옆에 앉는다

일찍 좀 들어와요,
몸 생각해서 술 조금만 먹고요

멸치 똥만큼이나 늘어난 잔소리가
수북이 쌓여간다

선인장이 불러들인 새

다녀간 건 찰나였다

누구도 다가서지 못할 것 같던
까칠한 가시의 흔들림 또한 찰나였다

갈증에 말라버린
그리움이었을 뿐인데

박힌 가시 때문에
다른 가지에 앉지 못하고

눈길을 건네며
주변을 맴돌아야만 하는

끝을 알 수 없는
기다림이 시작되었다

통증은 찰나였지만,

다시 시작된 기다림은

아픈 희망이었다

하심(下心)

내 잘못입니다

겸손하지 못하였고, 모든 게 나로 인해 시작되었습니다
최고인 줄 알며 낮추지 않고 살아왔습니다

좌복(坐服) 한 장에 삼천 번 나를 버리고 수행합니다
상처받은 도반(道伴)을 위해 만 배를 합니다

한 마리 자벌레 되어 죽비 소리에 맞춰
나를 속이고 있는 나를 찾아갑니다

대신해줄 수 없는 수행을 위해 절합니다
움직이는 명상을 오늘도 시작합니다

오르가슴

이 순간
질투의 신 헤라, 전쟁의 여신 아테나를 거부합니다

블랙홀의 시공간처럼 빛을 버리고 어둠을 숭배하며 지구의 자전과 달의 공전이 멈춘다 해도 창조자여, 당신까지도 거부합니다

빅뱅의 섬광, 환희의 순간이여

내 안의 새로운 창조자,

신은 오직 당신뿐입니다

행복다방

재가 방문요양센터 사무실
볕 잘 드는 창가에 놓인 작은 꽃이
갈 때마다 눈길을 끈다

유리창 너머로 엿보던 햇살,
화들짝 놀란 작은 꽃이 수줍은 듯 반겨주자
넉살 좋은 햇살이 문을 열고
껄껄껄 인사를 건넨다

햇살을 따라
어제의 안부들이 문을 열고 들어와
작은 꽃 옆에 둘러앉아
묵은 시간의 향기를 녹여낸다

이야기가 있고 가끔은 눈물도 있는
행복다방 같은
웃음꽃이 피어나는 곳,

햇살의 넉살만큼이나
밝다

흑심

빛 볼 날을 기다리며
뼈를 깎는 고통을 견뎌낸

갑옷 속에 품은
창끝

세상에 기세등등하게 휘둘러 본
무딘 필력

이름 석 자
다 쓰지도 못하고

툭,
부러졌구나

가을을 읽다

가을,
그래도 왔나 봐

기대도 하지 않았는데

지 맘대로 붉은 사과, 까치 부리에 남아나지 않은 홍시, 멍석 위에서 가을을 굴리고 있는 대추, 담장 너머로 흘깃거리는 석류

혹독한 매질에도 깨는 쏟아지고, 가을 햇살에 볶이는 메뚜기는 엎치락뒤치락 난리도 아니고, 김장 무는 장딴지를 허옇게 드러내놓고

뭔 일이래?

하늘 좀 올려다봐
가을이 깨질 듯 파래

기도문

지금 이대로
그냥 내버려 두소서

그것도 싫다면,

교회 종탑 십자가에 걸린 태양이
달이 될 때까지만이라도 내버려 두소서

제2부

꽃이라서 웃는다

꽃처럼 살라 한다
그래서 꽃이 되었더니

웃으며 살라 한다
그래서 웃어 주었더니

눈치 없는 하늘,
지겹게 옆에 있어 달라 한다

종이꽃

텃밭 깨꽃도
앞마당에 심어놓은 도라지꽃도
담장 밑 오이꽃도

당신이 웃으면 따라 웃었습니다
하지만 지금은 웃음소리가 들리지 않습니다

철 대문 옆 내려앉은 기둥에
위풍당당하게 걸려 있던 이름은 지워진 지 오래고
삐딱하게 매달린 우체통에는
새 둥지가 자리를 차지하고 있습니다

길모퉁이 옥수수는
수염이 덥수룩하게 말라 있고
손때 묻은 녹슨 연장들은
시간의 더께를 말해주고 있습니다

낙엽만 쌓인다면서 베어버린

감나무 밑동에선 새순이 돋아나는데
안방 벽에 걸린 붉은 카네이션에서는
향기가 나질 않습니다

당신의 향기가 그립습니다

잎새의 변(辯)

사람들은
너를 보기 위해
나에게 정성을 쏟았는데

네가 해맑아질수록
나는 점점 지워져 갔지,

하지만
괜찮아

네가 돋보일 수만 있다면
나는 그늘에 가려져도 돼

미안해하지 말고
당당하게 웃어

넌 꽃이잖아

가을 하늘

행복에 겨워 바라본 하늘
끝없이 빨려 들어가는 시선

바다인지
호수인지

기억을 자극하는
파랑

깊이를 알 수 없는 너의 속을
한 뼘 두 뼘 재어본다

모과나무

옆집 앞마당에 모과나무가 있었다
손 뻗으면 닿을 듯 말 듯 향기만 스쳤다

봄에는 아기 분 냄새가 나고
여름이면 앙증맞은 꽃을 숨겼다
가을에는 웃는 얼굴에서 노란 향기가 났다
겨울이 되어서야 쓸쓸히 속마음을 보여주던 나무

이제는 만져볼 수 있을까
향기라도 맡아볼 수 있을까

그렇게
긴 겨울밤을 뒤척였다

옆집 사내는 향기를 흘리고 다닌다며
발가벗긴 채 겨울 하늘 아래 세워놓았다

아침마다 찾아오는 까치가

노란 향기를 묻혀갔다

모과나무에서
더 이상 향기가 나질 않았다

국화

서릿발에 베이고
꽃대궁이 말라 쓰러질 때까지

악착같이 피울 거야

그래야
후회하지 않을 것 같아서

마중물

얼어붙은 대지가 녹아 흐르다 어둠에 숨어 문을 잠그고
밖으로 나갈 날을 기다려 왔다

은둔자를 끌어 올려줄 그에게
유혹의 사과 같은 달콤하고 시원한 물을 받아 마셨다

꺼져가는 숨소리 안타까워
한 바가지를 더 먹어본다

죽어가는 심장을 마사지하듯
다급함에 손이 빨라진다

막혔던 심장이 뚫리고
콸콸, 쏟아낸다

용솟음치듯
나를 세상 밖에 토해놓는다

투병

언제부터인가
창밖을 바라보며 중얼거리는 버릇이 생겼습니다

바람에 흔들리는 나뭇잎을 보곤
떨어질 때 아프지 않겠느냐고

까치가 설익은 가을을 쪼아댈 때면
아직 떫지 않겠느냐고

먼지 낀 유리창에 남긴 빗방울 자국이
지워도 지워지지 않는다고

달빛에 스며드는
풀벌레의 애틋한 이야기를 들을 때면

유리창에 비친 또 다른 그가
나에게 묻습니다

어디 아프냐고,

그럼 나는 지금
가을을 투병 중이라고 대답합니다

각도

바람에 흔들리는 꽃을 탐닉하는 태양,
아무렇지 않은 듯 받아들이는 꽃

꽃잎의 개수만큼
무게에 눌린 그림자를 일으켜 세우며
거리 좁히기를 연습 중이지만

그리움과 외로움은 슬픈 90도
오해와 무관심과 이별은 아픈 45도다

완벽한 직각의 일상에서
벌어진 이해의 각이 좁혀지면
화해와 사랑 그리고 신뢰는 기쁜 15도

타협점에 도달했을 때
꽃과 태양의 절대적 각도는 0이 된다

감사

가을 하늘의 파랑이
뭉게구름의 어수선함이
하늘거리는 갈대의 순정이
옷깃을 스며드는 서늘한 바람이
살랑거리는 코스모스의 한가로움이
빛 내림을 받은 호수의 데칼코마니 풍경이
볕 좋은 날 가을을 말리는 소쿠리의 넉넉함이
농부의 얼굴을 닮아가는 허수아비의 인자한 웃음이
두 손을 감싸게 하는 국화차의 온기를 품은 찻잔이
은행나무의 무심한 이별 통보에 흘린 눈물이
서리 맞은 상강 아침을 견뎌낸 푸름이
마지막을 준비하는 숲의 분주함이
시 한 편 읽을 따사로운 햇살이
노을빛에 익어가는 그리움이
당연함에 잊혀가는 지금이
그저, 감사하다

울 엄마 텃밭

상추 쑥갓 고추 오이 모종 사다 한 두어 이랑 만들고
방학 때 손주 오면 삶아 주려
옥수수랑 감자 고구마를 심어놓았다

언제 올 거니,
울 엄마 마음은 벌써 방학이다

상추 쑥갓 꽃대 올라오고
오이는 노각이 되어가는데

가뭄에 오이 꼬부라지듯
울 엄마 조바심에 허리 휘어간다

내일은 올 거니,
일이 있어 다음 주에 갈게요

고추 따다 말려 놓았으니 가지고 가렴,
김장때나 갈게요

밤새 하얀 눈이 소복이 쌓이고
울 엄마 머리에도 백설이 내려앉았다

성에

시계가 자정을 넘으면
이런저런 생각들이 머릿속을 갉아 먹고
골수를 빨아댄다

몽환의 시간을 헤매는 눈가에
그리움이 말라 있다

까만 밤 숨어 울었을 하늘,
아무도 보지 못할 거라고 실컷 울었나 보다

세상을 하얗게 덮어버린 새벽,
얼어붙은 그리움을 긁어 보고서야
얼마나 아팠는지 알 것 같다

밤의 눈물은
그렇게 말라 갔다

도둑맞은 눈

이제나 내릴까
저제나 내릴까

내릴 듯 말 듯 애태우더니
바람만 쌀쌀하게 흘기고 간다

가지 끝에 매달린 마른 잎의
마지막 저항처럼 떨려오는 눈꺼풀

시린 달빛에 부서진 별빛만이
아린 기억처럼 차갑게 날린다

아침 창 너머 남겨진
낯선 발자국이 서운하다

겨울나무를 바라보는
햇살까지도

담쟁이

보이지 않는 선을 그어놓고
선을 넘지 말란다

다가갈 수 있을 만큼만 내어주던
너와의 거리

느긋하게 조금씩 재어보다가
시간에 쫓겨 식어버린 체온

이미 차가워진 가슴에 안겨보지만
끈기 없이 말라 붙잡지 못하는 손

시간의 끝에 서서
마른 바람에 바동거리다가 까무러친다

아직 바람에 더 흔들려 봐야 하는데
봄 햇살에 달아오른 담벼락을 품어도 봐야 하는데

그래도
네가 있어 살 수 있었다

겨울 강

태양을 버린 강이
물수제비뜬다

강물은 말수가 점점 줄어들고
사랑니를 뽑은 듯
하얀 솜을 문 채
입을 닫았다

심장에 박힌 독설이
살얼음판을 쓸고 다니며
숨구멍을 찾는다

예리한 햇살이
겨울 강을 집도하자
얼음 구멍으로 한숨이 뜨겁다

매듭

한쪽 신발 끈이
유난히 잘 풀린다

처음에는 사이가 좋다가도
믿었던 다른 쪽 발에 밟혀 가끔은 넘어지기도 한다

어쩔 수 없이 머리를 숙일 때도 있지만 그때뿐
또다시 고삐 풀린 끈은 땅을 끌고 다닌다

묶는 법도 모르고
푸는 법도 몰라 서로를 탓하는

꼬일 대로 꼬인
풀리지 않는 매듭

가슴 한편에 묶여 있다

사랑니

사랑니 빠진 자리를
허전한 듯
자꾸만 혀가 찾아간다

첫사랑
그녀의 집 앞을 배회하던
그 느낌이다

제3부

성에꽃

유리창에 하얀 꽃이 피었다

어디에서 날아온 홀씨인데
내 방 창에서 밤새 뿌리를 내렸을까

예쁘게도 생겼다

조바심에 뜨거워진 속마음
해가 뜨기 전에 만져본 꽃잎, 손끝을 베였다

또르르 떨군 눈물 한 방울
만지지 말았어야 했다

앞산 너머 아침 해가 뜬다
꽃이 펑펑 운다

냉이꽃 지다

낮은 오솔길에서
봄 색시를 만났습니다

아지랑이 너머 가냘픈 모습,
당신이 건네준 아픔을
한 다발 안았습니다

돌아온다던 그 약속이 피고 지고
기다림에 가슴이 터질 듯 아려올 때마다
꽃 진 자리에
심장을 걸어놓았습니다

하나둘씩 늘어난 심장은
하염없이 말라갔습니다

힘들지 않았었느냐는 한마디,
보고 싶었다는 말에 눈물 터져도

질릴 때까지 사랑한다고
고백합니다

꽃 그림자

시선을 멀리 둔다

가물가물 피어오르는 아지랑이 너머
멀리 네 모습 보일까,
흐릿해진 시선에 힘을 준다

봄이라는 이유만으로
언제든지 볼 수 있을 거라 했는데

어느새 기억을 덮어버린 하양
아까운 꽃잎만 바람에 날린다

괜찮은 척 무심한 척하다가
햇살에 들킨 속마음

알고 보니
너도 나와 같은 검은 단색이었다

봄날

햇살이 너무 예뻐서
뜨락에 내려선 그림자까지 예쁘다

담장을 넘어온 목련나무에
온기 가득 열꽃이 돋았다

천천히 걸을 만도 한데
잦은 비에 엉긴 꽃자리가 아쉬워

숨 가쁘게 달려온 청춘,
피고 지고 그리웠으리라

봄은 이제 한창인데
바닥에 엎디어 헐떡이는 목숨

아까워라, 4월의 봄
다시 못 올
내 봄

꽃의 충격

네가 보였어,

봄의 끝에서
이러지도 저러지도 못하고

바람이 부는 대로 흔들리는
네가 보였던 거야

그냥, 봄이라 피고 지는 줄 알았는데
그냥, 있는 그대로 바라만 봤을 뿐인데

나도 너처럼
마음이 살짝 흔들렸던 거야

네가 웃기만을 기다렸듯이
너도 나만 바라보며 갈증에 시달리고 있었겠지

뜨겁게 밀고 올라온 설움,

토해내지도 못하고 절망에 빠져

툭, 던진
생의 충격

울컥대는 마음
좀처럼 진정이 되지 않았어

범람

어제의 꽃들이 사라졌다

요란하게 몸부림치던 하늘,
목 놓아 버렸다

여러 날, 밤을 뒤척이게 하더니
기억까지도 삼켜버렸다

흐르지 않을 것 같던 시간은 너울을 타고
걷잡을 수 없이 달려갔다

장마가 걷힐 즈음
물이 빠지고 나면

그 자리엔
새로운 꽃이 필 것이다

여름

나, 진짜 간다

한마디 던지며 떠날 것 같더니
시선 떨군 채 발뒤꿈치를 세워 여운을 남긴다

석양을 바라보는
두 눈이 붉게 물들었다

가지 마라,

이제 조금씩 알아가고 있는데
웃는 얼굴 몇 번 보지 못했는데

그래도 가야 한다면 약속해줘
내년에는 더 뜨겁게 안아주겠다고

말 없는 하늘
몇 날 몇 밤을 훌쩍거린다

가뭄 들다

비를 만난 게 언제였는지
이별 후 몇 날 며칠이 지났는지
기억조차 가물어 버렸다

흙먼지 풀풀 날리는 대지를 뒹굴던 낙엽이
날아오르며 중력을 거부하는 중이다

바람을 믿은 낙엽,
올 듯 말 듯 살랑대는 봄을 마중하느라
추락을 두려워하지 않는다

흠뻑 젖고 싶었지만
어느 구름 속에 비가 들었는지 알 수 없어
갈팡질팡 어찌할 줄을 모른다

푸석한 구름을 한 움큼 쥐어짠들
말라 갈라진 그리움은 아물지 않을 텐데

어둠을 틈타
온다 간다 말없이 사라져버린 구름,
둥근달만 덩그마니 떠 있다

나 여기 있어요

뙤약볕처럼 쏟아지는
매미 울음소리

사랑을 품은 채
짧은 생을 살다가

너무 울어
나무껍질 잡을 힘조차 없었는지

땅바닥에 떨어진
팔월의 흘레,

짧은 만남이었지만
원 없이 사랑했다

호두

반질반질 손때 묻은
서랍 속 호두 두 알

아버지의 호주머니 속 소리가
지금은 내 손에서 덜그럭거리며
시간의 굴레를 벗어나지 못하고 있다

언제부터인지 호두알 속 추억이
습기 찬 숨소리를 내기 시작했다

껍질을 깨뜨려 소리를 꺼내보고 싶었다
아니, 시간의 굴레에서 벗어나고 싶었다

망치를 들어 올려 내리친다
퍽, 둔탁한 소리와 함께
흩어진 기억의 파편 너머
말라비틀어진 아버지가 있었다

바람보다 앞서가지 마세요

빌딩 숲을 갈라놓는 회색 바람,
자동차 바퀴에 유린당하는 검은 바람,
점심시간 쏟아져 나온 사람들의 입바람이 분다

바람 따라나서는 길,
빠르게 스쳐 읽지 못한 간판들
호객행위 하는 풍선 인형처럼 손짓하는 가로수
차창에 끼어 시끄럽게 울어대는 파란 하늘
길가에 핀 들꽃의 이름을 불러보지 못하고 지나친다

제한속도 60킬로미터,
발바닥에 힘이 들어간다
수박 2통 만 원, 40년 원조 맛집, 단속카메라 렌즈,
하얀 계란 꽃에 앉은 흰나비가 눈에 들어온다

나뭇잎의 속살을 들추고 도망가는 궁둥잇바람,
시간을 접었다 펴는 강바람이 말을 건넨다

조금만 천천히 달려보라고

가끔은 옆을 보며 한눈팔아 보라고

들풀

풀베기 작업이 한창이다

휘둘리는 칼날에 다리가 잘려 나갈지언정
무릎 꿇지 않는 청춘

일제히 일어선 아우성은 굉음 소리에 묻혀버리고
선택을 쥔 자에 베인 상처에선 향기가 났다

소리가 쓸고 간 들판에는
잘려 나간 유월의 꽃대궁만이 무성하다

이슬처럼 사라질 운명에서 홀로 살아남아
바람에 흔들리는 너를 보고서야 꽃인 줄 알았다

나는 그저 먼발치에서
흔들리는 눈빛으로 바라볼 뿐이다

소음

새벽 4시 19분,
뻐꾸기가 문을 열고 나와 시끄럽게 울어댄다

초침 소리에 뒤척이는 생각,

어둠 속 세상에서
들려오는 환청이 낯설지 않다

자동차 지붕을 두드리는 소나기 소리
새벽 배송 따라 들어와 계단을 뛰어다니는 바람 소리
쓱, 주머니에 들어와 한숨 돌리는 서울우유
방음벽 너머 젖은 고속도로를 달리던 자동차 소리는
터널 속으로 빨려들어 갔는지
잠시 숨을 고른다

반복되던 텔레비전 화면 불빛도
자리를 잡는다

태양의 집착

은근슬쩍 속마음을 비집고 들어온
낯선 온기

오늘도 어김없이 찾아와
더딘 사랑을 즐기고 있다

귀찮다고는 하지만
속마음은 그렇지 않은가 보다

구름에 가려 보이지 않으면 궁금해하고
비라도 오는 날이면
울컥대는 그리움에 눈물을 보이면서

좋아한다는 걸 들킬까 봐
뒤로 감춘 속마음

길들어져 가는 시간이
내심 좋은가 보다

긴 밤을 한걸음에 건너온 태양은
얼마나 그리워했을지는 관심 없고

그리움도 사랑이라며
사랑의 길이를 재어볼 뿐이다

당산나무

수몰 마을 어귀
고목에 꽃이 피었다

나그네의 그늘이 되어주고
달이 차오르면 속마음을 들어주던 나무가

돌탑 속의 비밀을 간직한 채
긴 시간 묵묵히 입을 다물었었다

그런, 당산나무에 꽃이 피었다

이제 더는,
돌탑 쌓는 소리 들리지 않는데

바람이 분다, 비밀이 강물 위로 날린다
바람이 분다, 꽃 진 자리 아물라고

정적

하늘이 텅 비었다

빈틈없이 채운
파랑

새 한 마리 날지 않는
침묵의 색

구름이라도 떠 있으면
높이라도 가늠할 텐데

호텔 앞 네거리

태양이 알람을 울리기 전
편의점 벤치에 앉아 새벽을 바라본다
밤새 노숙하던 풍선 인형이 기지개 켜는 소리와
옆자리 낯선 언어의 청년들이
꾸역꾸역 밀어 넣는 삼각김밥의 고소한 냄새가
쓰린 속을 긁는다

건너가는 사람도 없는데 연신 깜빡이는 신호등,
신호를 무시하고 달리는 빈 택시의 사냥 본능

밤의 화려한 조명을 불태웠을
불나방 사체들이 널브러진 호텔 앞 네거리,
밤을 게워낸 흔적을 지우는
쓰레기 수거 차량의 헛구역질 소리가 거슬린다

오늘도 태양은 어김없이 뜰 것이고
나는 오월이 가기 전에 물드는 법을 찾아
저 네거리를 건너 떠날 것이다

제4부

칼의 노래

시간을 훔치는 자여,

정각의 합을 놓고 빛의 소리를 찧는
당신의 끈질긴 구애 끝에

억만년 동안
차갑게 굳었던 심장 녹아내리고

수천 번의 망치질과 담금질에
생과 사를 오가며 얻은 흉터에서 보았습니다

죽음과 부활이 공존하는 시간 속에
또 다른 길이 있다는 것을

당신의 혼을 불어넣은 칼에
불을 품었다는 것을 잊지 않고
필요로 하는 곳에서 날을 세우겠습니다

숨겨놓은 시간

아보카도 배를 갈랐다
칼날을 거부하던 딱딱하고 둥근 것이
손 안에 들어와 폭 안긴다

웅어리 같은 씨앗을
주머니 속에 넣고 달래주었는데
언제부터인지 눈에 잡히지 않는다

분명 어디에 두었을 텐데,
습관처럼 주머니 속을 뒤적거리다가
손가락이 낯선 구멍을 찾아냈다

얼마 전부터 손톱 사이로 실밥이 끼이더니
기어이 터져버린 호주머니,
블랙홀 같은 구멍으로
말라버린 기억까지 빨려들어 갔나 보다

혹시나 열어본 서랍,

낯익은 씨앗이 숨구멍도 없는 곳에서
희망을 상실한 채 반으로 갈라져 있었다

그랬었다,
손 탈까 봐 서랍 속 깊이 숨겨놓은 걸
까마득하게 잊고 있었다
열 때마다 들리던 속삭임을
눈치 없이 지나치고 말았다

화분에 옮겨 심었으면
꽃이라도 피었을 텐데

네모난 태양

태양은 원래 네모였을지 모른다
조물주가 굴러가지 않는 네모난 태양을
대패로 둥글게 깎아 놓은 건지도 모른다

사람들은 네모난 책상에 앉아
태양의 부스러기 대팻밥을 시간이라고 부르며
지루하게 모으고 있다

충혈된 눈빛의 사람들은
네모난 가방을 들고
네모난 버스를 타고 내린다

닭장 같은 아파트에 갇혀
대팻밥을 보상으로 받으며 사육당한다

사람들은 오늘도
네모난 계란판 같은 틀 위에 하루 한 개씩
태양을 잉태한 네모난 알을 낳기 위해

네모난 현관문 앞에서 구두끈을 맨다

아침 해가 네모난 유리창에
뭉개진 노른자처럼 퍼져 보인다

겨울나무

마른 희망 하나 품고 산다

부질없음을 알면서
뜨거웠던 기억을 가슴에 안고 산다

그리움이
돋아날지 몰라서

눈꽃처럼
피고 질지 몰라서

조바심을 내려놓지 못하고
그냥 산다

마녀

이른 새벽
압력밥솥이 칙칙거리며 달린다
그녀는 진공청소기를 타고 다니며
세탁기 돌아가는 소리를 빨아들인다
각 잡힌 마른빨래는 그녀 앞에서 다소곳하다
뒤꿈치에 땀이 나도록 뛰어다니는 그녀
흠뻑 젖은 옷에서 간고등어 짠내가 난다
쉴 새 없이 돌아가는 선풍기 바람도
그녀의 열정을 식히지 못하는지
뜨거운 숨을 내쉰다
냄비 뚜껑 소리가 요란스럽다
속이 불거져 나온 달걀을 날렵한 손놀림으로 잡아채더니
뜨거울 때가 맛있다며 뻑뻑한 노른자를
게 눈 감추듯 두 개나 먹어치운다
달걀노른자를 좋아하고
청소기를 타고 다니는 그녀,
못하는 게 뭘까

안개

새벽부터 내리던 겨울비가 그치고
안개비에 젖은 거리는 잿빛 속에 갇혀 버렸다

경로를 이탈한 비둘기들의 저공비행이
불안한 아침

흐리멍덩한 거리를 서성거리던
수상한 그림자는

습기 먹은 햇살의 서운한 눅눅함과
초점 잃은 태양의 어설픈 눈부심에 심술이 났다

종일 걷힐 줄 모르던 안개는
잠시의 틈도 허용하지 않고 어둠조차 적셔 버렸다

멀리 교회 종탑 십자가의 불빛이 초점 잡히지 않는
지루한 안개 속 세상에서도 샛별은 떴다

관심 없는 척 지나치는

초승달이 애처롭다

꽃심

태양이
꽃의 주위를 맴돈다

다가갈수록 시들해진다는 걸 알면서
함께하지만 만질 수 없다는 걸 알면서

멀어질세라
놓칠세라
사라질세라

바랑 속 꽃을 만지다

바람이 너무 좋아서
네가 자꾸만 눈에 밟혀

별이 너무 좋아서
마냥 기다릴 수가 없어

바랑을 짊어진 봄,
꽃 마중 나선 지 오래고

터질 듯 부푼
바랑 속 꽃 마음

골짜기 넘나들 때마다
미소를 쏟아놓는다

장미

그래도 여왕이라고
가시로 울타리를 둘러친 채
속을 보여주지 않았지

주변을 둘러봐
너를 부러워하는 꽃이 있는지
모두가 떠난 자리 초록만 무성한데

작약꽃은 웃음이 헤퍼서 보여주기 싫고
철쭉은 먼저 붉어서 보여주기 싫고
돌 틈에 납작 엎드린
민들레는 길 떠난 지 오래

오월을 다 가졌다고 기고만장하더니
붉어질수록 추하게 지는 걸

모든 사람이
너를 사랑하지는 않아

하지만 걱정하지 마
가시의 통증만은 추억으로 남겨둘게

냉이

가뭄에 물 한 모금 얻어먹지 못하고
호미 날에 잘린 채
배를 허옇게 드러내 놓고 말라 갔다

잡초와 어울린 죗값이
이렇게 가혹한 줄 몰랐다

풀과 뒤엉켜 있어서 밟았을 뿐이라고,
밟아도 죽지 않는다는 걸 그들은 알고 있었다
꽃잎 지고 씨앗 날리기 전에 뽑아야 한다는 것도

하지만 그들은 모르고 있었다
꽃을 피우고 씨앗을 품을수록
살아야 할 이유가 간절하다는 걸,
단단해진 대궁에 꽃을 피울 것이라는 걸,
가뭄이 길어질수록
뿌리 깊이 심이 박힌다는 걸

텃밭의 경계에서 벗어난

풀들이 들고 일어난다

가을 아침

어, 하는 사이 꽃이 피더니
서늘한 바람이 가슴을 파고든다

이글거리던 태양도
밤낮으로 울어대던 매미도 풀이 죽었다

이른 아침부터 분주한 고추잠자리
고개 숙인 해바라기도 가을을 맞이하는데

뭉게구름처럼 피어오르는 아쉬움 때문인지
미련스럽게 매달린 그리움 때문인지
여름을 보내려고 하니
서운하다

보내놓고 후회할까 봐
망설이는 아침,

치매거미

바람 한 점 없는 새벽,
거미가 끊어진 줄에 매달려 바람을 부르고 있다
작은 흔들림에도 본능처럼 움직이며
먹잇감을 날렵하게 제압하던 거미가
엉성한 그물망 사이로 드나드는
먹잇감을 바라만 보고 있다
촘촘하게 짠 그물은
거미에겐 힘이었고 자랑거리였는데
바람의 느낌도 이슬의 촉촉함도
이제 더는 느껴지지 않는다
움직이는 것은 무엇이든
고치로 만들던 행위를 잊은 듯
올라갔다 내려갔다 반복할 뿐이다
고치 속 자기만의 세상에 갇혀
엉킨 실타래를 풀지 못한 채
사랑을 지워가고 있다

광장

가로등 아래 웅크린 거미
바람결에 날실 한 가닥 던진다

아슬아슬 줄을 타며
자기만의 세상을 만들어놓는다

어둠이 깔리는 순간, 덫에는
달빛 녹아든 이슬이 영롱하다

허공 광장에 조명이 들어오고
날개의 유희가 시작되었다

소리 없는 몸부림이 처절할수록
포식자를 부른다

돌돌 말아 싸맨 비밀은
그늘 속에서 하얗게 말라간다

오늘 밤에는

또, 어떤 포식자가 덫을 놓을까

수탉

횃대에 앉아
그물망 속 세상을 지배하던 밤의 파수꾼
그는 살아있는 신이었다

하늘을 찌를 듯 붉은 볏과
날카로운 발톱은 권력이었다

그의 뒤뚱거리는 새벽 걸음은
닭들의 부러움을 샀다

그가 봉황의 날갯짓으로 홰를 치면
하늘은 태양을 낳았다

지난밤 날카로운 발톱에 뽑혀 나간 암탉의 깃털들
거부할 수 없었던 사랑의 흔적을 남기고
수탉이 죽었다,
사인은 과로사였다

마른 허벅지를 보고
암탉들이 암묵적인 공범 관계였음을 알았다

첫눈

잊을 만하면 찾아와
흔들리는 눈빛으로 바라보는 너

할 듯 말 듯
어색한 눈 맞춤에 토라져

바람 따라가지 말고
햇살에도 녹지 말고

오래오래
남아 있거라

첫 키스,
그때의 그 느낌처럼

해설

존재 인식의 미적 구조화

안현심(시인·문학평론가)

1.

전진의 장수 여광이 쿠차왕국을 침략했을 때 승려 쿠마라지바는 사촌 여동생과 합방하지 않으면 그녀를 죽이겠다는 협박을 받고 파계할 수밖에 없었다. 인질로 끌려간 쿠마라지바는 산스크리트어 불경을 한자로 번역하면서 멸시와 조롱과 굴욕을 승화시킨 은유, '색즉시공(色卽是空) 공즉시색(空卽是色)'을 탄생시켰고, 그것은 불교사상을 대변하는 정수로서 자리 잡았다.

"달이 지면 빛을 잃는 우물 속 달빛처럼 형상은 있다가도 없는 것, 괴로움에서 벗어나려고 애쓰지 마라, 아픈 늪에서 깨달음의 꽃은 피어나리니." 이와 같은 발견은 저잣거리를 전

전하며 높은 삶을 갈망하던 사람들에게 희망을 안겨주고, 인문정신의 궁극을 갈망하는 인류를 매료시키기에 충분했다.

쿠마라지바의 철학과 사상은 시를 창작하는 사람에게도 절대적으로 유효하다. 시는 괴로움 중에 있는 자, 낮은 곳에 있는 자, 소외된 현장에서 생성된 정서를 미적으로 구조화한 결과물이기 때문이다. 그래서 시는 사장보다 직원이 잘 쓰고, 교수보다 초등학교 선생이 잘 쓰고, 부자보다 가난한 사람이 잘 쓴다는 말이 회자되는 것이다.

정서는 살아가는 중에 일어나는 여러 가지 감정을 의미하는데, 다듬어지지 않은 정서가 미적 구조화 과정을 거치면 시의 정서로 거듭나게 되는 것이다. 안상용 시인은 몸으로 뛰며 땀 흘리는 대가만큼만 돈을 버는 사람이다. 전공 지식에 얽매이지 않은 채 저잣거리의 삶에서 동력을 얻는 시인의 세계를 살펴보는 재미가 쏠쏠할 듯하다.

2.

괴로움 중에 있거나 낮은 곳에 위치해 있다 하더라도 끊임없이 우주를 탐색하지 않으면 시는 저절로 찾아오지 않는다. 지속적으로 화두를 던지고 그 해답을 찾으려고 고뇌하지 않으면 시는 끝내 빛나는 날개를 보여주지 않는다. 쿠마라지바는 승려이되 승려가 아닌 굴욕을 안고 '삶'이라는 관념의 실체를 찾으려고 고뇌한 결과 비극적 카타르시스를 불러일으키는 은유를 탄생시킨 것이다.

나비 한 마리 자동차 앞 유리에 앉아
연약한 날개를 접고 뚫어지게 바라보고 있다

무슨 말을 하려는 듯
힘겹게 기어올라 눈을 맞춘다

행복하냐고,
행복했었냐고

어디든 갈 수 있는
날개를 가졌느냐고

바람 등에 업혀
하늘을 누릴 수 있느냐고

—「나비 날다」 전문

「나비 날다」는 족쇄를 찬 채 날지 못하는 생활인의 비애를 형상화하고 있다. 어느 날, 삶의 현장을 뛰다가 잠시 멈춰 섰는데, "나비 한 마리 자동차 앞 유리에 앉아/연약한 날개를 접고 뚫어지게 바라보고 있다//무슨 말을 하려는 듯/힘겹게 기어올라 눈을 맞춘다". 마주 보던 시인은 나비가 말을 걸어온다고 상상하기에 이른다. 나비의 물음은 어렵거나 무거운 것이 아니라 아주 기본적인 것, 어린아이의 물음과 같다.

그 물음은 "어디든 갈 수 있는/날개를 가졌느냐고//바람 등에 업혀/하늘을 누릴 수 있느냐고"이다. 나비의 입장에서 보면, 난다는 것은 인간이 두 발로 걷는 것처럼 기본적인 사항이다. 그런데 시인은 그 기본사항조차 이행할 수 없는 처지에 놓여 있다. 바로 이러한 차이에서 비극은 발생한다.

시인은 나비처럼 날고 싶었던 것이다. 현대 도시인의 굴레를 벗어버리고 자유롭고 싶은 것이다. 이러한 갈망은 시인뿐 아니라 현대 생활인이라면 누구라도 생각할 법한 일이다. 다만, 나비의 날개를 시적 은유로 도입해온 상상력이 돋보일 뿐이다.

비바람이 거칠다
창밖에서 엿보는 시선이 많은 날에는
끝없는 질문과 의심이 꼬리를 문다

고독사한 뻐꾸기시계의 시그널은 무엇이었을까
벽을 타고 내리는 비 그림자의 촉감은 어떨까
처마 밑 비둘기 둥지에 온기는 있겠지

불안한 밤거리의 불빛이 비틀거린다

창문을 두드리는 나뭇가지,
그럼에도 굳게 걸린 빗장

어느새 안방 벽을 타고 내려와
턱밑까지 올라온 어둠을 들추고 나를 겁탈한다

초경에 놀란 소녀의 밤처럼
유리창에 비친 자화상은
흑백이다

비가 그쳤다
내가 던진 고독이
유리창을 깨뜨릴 것이다

—「유리창」 전문

비바람이 몰아치는 밤, 나뭇가지가 창문을 세차게 두드리지만 시의 화자는 문을 열어줄 생각이 없다. 비는 "어느새 안방 벽을 타고 내려와/턱밑까지 올라온 어둠을 들추고 나를 겁탈"하는데, "초경에 놀란 소녀의 밤처럼/유리창에 비친 자화상은/흑백이다". 이 작품에서 '비'는 의인화된 인물, 객관적 상

관물로 등장한다. 에밀리 브론테의 소설 『폭풍의 언덕』에서 '히스클리프'의 집착이 연상되는 작품이다.

마지막 연을 보면, 비가 그치고 "내가 던진 고독이/유리창을 깨뜨릴 것이다"라고 형상화하고 있는데, 비가 그쳤다는 것은 바깥의 정체가 물러갔다는 것을 의미한다. 문을 열어주지 않으면서까지 물리치고 싶었던 존재가 사라졌는데, 시인은 왜 내가 던진 고독이 유리창을 깨뜨릴 것이라고 형상화했을까.

여기에 중요한 사실이 있다. 문을 열어주지 않고 거부한 듯하지만, 역설적이게도 바깥의 정체를 갈망한 것은 화자였던 셈이다. 갈망하면서도 거부해야 했을 때의 고독감은 형언하기 어려울 정도로 컸을 것이다. 시의 묘미는 이런 아이러니, 역설에 있다고 해도 과언이 아니다. 내가 바라보지만, 바라보이는 것처럼 위장하는 것이 시의 기교이다.

> 유리창에 하얀 꽃이 피었다
>
> 어디에서 날아온 홀씨인데
> 내 방 창에서 밤새 뿌리를 내렸을까
>
> 예쁘게도 생겼다

조바심에 뜨거워진 속마음
해가 뜨기 전에 만져본 꽃잎, 손끝을 베였다

또르르 떨군 눈물 한 방울
만지지 말았어야 했다

앞산 너머 아침 해가 뜬다
꽃이 펑펑 운다

—「성에꽃」 전문

안상용 시인의 작품은 골똘히 관찰하는 과정에서 탄생한 것들이 많다. 「성에꽃」 역시 유리창에 낀 성에를 관찰한 후 시적 상상력을 도입하고 있다. 시인은 '성에'라는 현상을 '성에꽃'이라는 생물로 치환하여 "어디에서 날아온 홀씨인데/내 방 창에서 밤새 뿌리를 내렸을까" 하고 형상화하기에 이른다. "예쁘게도 생"긴 꽃잎에 손을 댄 순간, 손끝을 베였을 뿐만 아니라 꽃의 눈물까지 보고 말았다. "만지지 말았어야 했다".

이쯤 되면, 성에는 꽃이라는 식물을 넘어 '소녀' 혹은 '성인 여성'으로 의인화되기에 이른다. 일반적으로 '꽃'은 여성을 상징하기 때문이다. 가만히 두고 바라만 보았다면 손도 안 베이고, 꽃도 온전히 보전할 수 있었을 텐데, 감정에 지배당하는 인간은 단순한 진리조차 지키지 못한 것이다. 이때 인지한 깨달음이 '정서'라면, 그 깨달음을 미적으로 구체화한 것이 시이다.

3.

암수 한 몸인 개체들도 있지만 대부분의 동식물은 이성(二性)으로 나뉘어 존재해왔다. 이들은 본능적으로 종족보존을 위해 짝짓기를 하고, 그중 영장류는 쾌락을 추구하거나 사회적인 관계로서의 성교를 맺기도 했다. 성교할 때 쾌락의 절정을 '오르가슴'이라고 표현하는데, 다음 작품은 오르가슴을 미적으로 구체화하는 데 성공하고 있다.

> 이 순간
> 질투의 신 헤라, 전쟁의 여신 아테나를 거부합니다
>
> 블랙홀의 시공간처럼 빛을 버리고 어둠을 숭배하며 지구의 자전과 달의 공전이 멈춘다 해도 창조자여, 당신까지도 거부합니다
>
> 빅뱅의 섬광, 환희의 순간이여
>
> 내 안의 새로운 창조자,

신은 오직 당신뿐입니다

—「오르가슴」 전문

그리스 로마 신화에 등장하는 질투의 신 '헤라'는 제우스의 아내이다. 제우스는 가부장제 사회에서 최고의 권력자 아버지를 상징하는데, 신화 속 그는 여신과 인간 여성을 가리지 않고 정사를 벌이는 바람둥이로 등장한다. 아내 헤라는 제우스의 여인들을 질투하고 징벌하는 데 집중할 수밖에 없었다. 따라서 제우스가 불륜의 현장에서 가장 두려워한 것은 아내 헤라임에 틀림이 없다. 아테나는 제우스의 딸로서 태양의 신 아폴로와 쌍둥이로 태어났다. 평생 결혼하지 않은 채 정의와 지식을 사랑한 여신으로 활과 화살을 장착한 모습으로 형상화되고 있다.

시인은 첫 행에서 "이 순간/질투의 신 헤라, 전쟁의 여신 아테나를 거부합니다"라고 형상화하는데, 쾌락의 절정에 든 순간은 누구의 간섭도 받지 않을 것이며, 어떤 벌도 달게 받겠다는 각오가 은유적으로 표현되었다고 하겠다. 아내 헤라에게 들킨다 해도, 정의의 여신 아테나가 징벌한다 해도 "빅뱅의 섬광, 환희의 순간"은 포기할 수 없다. 창조자까지도 거부하면서, "신은 오직 당신뿐"이라고 일갈하는데, 여기서 '당신'은 '오르가슴'을 지칭한다.

오르가슴의 순간을 이보다 더 아름답고 섬세하게 형상화한 작품이 있을까. 오르가슴은 살아가면서 누구나 느낄 수 있는 일반적 감정이다. 그 일반적 감정을 시인만의 특별한 정서로 구체화해 아름다운 시를 탄생시킨 것이다. 이 시집의 시편들 중 단연 돋보이는 작품이라고 손꼽을 수 있겠다.

다녀간 건 찰나였다

누구도 다가서지 못할 것 같던
까칠한 가시의 흔들림 또한 찰나였다

갈증에 말라버린
그리움이었을 뿐인데

박힌 가시 때문에
다른 가지에 앉지 못하고

눈길을 건네며
주변을 맴돌아야만 하는

끝을 알 수 없는
기다림이 시작되었다

통증은 찰나였지만,

다시 시작된 기다림은
아픈 희망이었다

—「선인장이 불러들인 새」 전문

위의 인용 시는 피해갈 수 없는 남녀의 관계 혹은 숙명적인 삶의 모습을 형상화했다고 언급할 수 있다. 새가 선인장에 다녀간 찰나, "까칠한 가시의 흔들림 또한 찰나였다". 그 찰나의 행위로 인해 "다른 가지에 앉지 못하고//눈길을 건네며/주변을 맴돌아야만 하는//끝을 알 수 없는/기다림이 시작"된 것이다. 이 질긴 삶의 고리, 삶의 애환이 "통증은 찰나였지만,//다시 시작된 기다림은/아픈 희망이었다"라는 형상화를 낳기에 이른다.

이 부분에서 쿠마라지바의 고뇌를 상기해볼 수 있다. 인간은 감정을 지니고 움직이는 생명체이기 때문에 의도치 않게 잘못을 저지를 수도 있다. 그것은 자의든 타의든 탓할 것이 못된다. 그랬을 때, 고통에서 자유로워지기 위해 논리적으로 해명될 수 있는 명분(?)을 찾으려고 몸부림칠 것이고, 그러한 과정에서 '색즉시공 공즉시색'과 같은 아름다운 은유가 탄생하게 되는 것이다. 그 은유는 한 줄의 시일 수도 있고, 한 편의

계송일 수도 있고, 철학적 정의일 수도 있다.

이와 같은 견지에서, 「선인장이 불러들인 새」도 아픈 삶의 은유를 함의하고 있다고 말할 수 있겠다. 잘못은 결핍을 낳고, 결핍을 채우기 위해 몸부림치는 궁극에서 나온 예술작품은 눈물과 피와 땀이 승화된 결정체이기 때문이다.

4.

세상에서 가장 아름다운 그림이 무엇이냐고 묻는다면, 망설임 없이 대답할 수 있다. 선남선녀가 만나 아이 낳고 키우다가 늙어서 손잡고 걷는 모습이라고. 비척거리는 걸음으로 손잡고 가는 노부부의 모습이 아름다운 것은 거센 풍랑과 폭설을 건너온 이력을 내재하고 있기 때문이다. 그런 그림을 완성하기까지 얼마나 많은 인내와 사랑을 필요로 했을까.

늦은 아침
무거운 머리를 부여잡고 냉수 한 사발 들이킨다

멸치 똥을 따고 있는 도끼눈과 마주친다
괜스레, 멸치 하나 입에 넣으니
바다 내음 비릿하다

슬그머니 옆에 앉는다

일찍 좀 들어와요,
몸 생각해서 술 조금만 먹고요

멸치 똥만큼이나 늘어난 잔소리가
수북이 쌓여간다

—「멸치 똥」 전문

이 작품은 아름다운 그림을 완성하기 위해 필요한 과정을 형상화하고 있다. 술 마시고 늦게 일어난 아침, 멸치 똥을 빼고 있는 아내의 "도끼눈과 마주친다". 불만이 쌓여 곱지 않은 시선을 '도끼눈'이라고 표현한 부분에서 유쾌한 해학이 엿보인다. 화자는 슬그머니 아내 옆으로 다가가 멸치 하나를 입에 넣으며 화해의 몸짓을 보낸다.

"일찍 좀 들어와요,/몸 생각해서 술 조금만 먹고요"라는 아내의 말은 날카로운 원망이 곰삭아 단술과 같이 부드럽다. 술을 과하게 마시는 남편을 질책하기보다는 걱정 어린 애정이 함의되어 있다. 멸치 똥처럼 늘어가는 잔소리는 노년의 그림을 완성하기 위한 질료일 뿐이다.

복사꽃 흐드러진 연분홍 하늘

당신 얼굴에도 봄이 왔네요

수줍게 나눈 맹세
복사꽃 필 때면 생각나요

연지곤지 찍고 행복해하던 얼굴이
복사꽃을 아무 때나 피우는 중년이 되었네요

엄마로, 아내로 살아온 여정을 누구보다 잘 알지요
알뜰살뜰 꾸려온 당신을 내가 알지요

이 말밖에 해줄 게 없네요

당신 참, 좋다
봄 햇살만큼이나

—「편지」 전문

이 작품은 아내에게 쓰는 편지 형식으로 구성되어 있다. 복사꽃처럼 수줍던 연분홍 얼굴로 만나 어느덧 "복사꽃을 아무 때나 피우는 중년이" 되고 말았다. 복사꽃을 아무 때나 피운다는 표현은 중년이 되어 불쑥불쑥 갱년기 증상이 나타나는 것을 의미한다. "엄마로, 아내로 살아온 여정을" 화자는 누구보다 잘 알 뿐 아니라, 알뜰살뜰 살림을 꾸려왔다는 사실 또한 잘 알고 있다. 그래서 "당신 참, 좋다/봄 햇살만큼이나" 하고 망설임 없이 말할 수 있는 것이다. 아부하는 듯 애교 어린 발언이 싱그러운 상상력을 불러일으키는 작품이다.

부모가 소재가 되거나 아내 혹은 자식을 소재로 쓴 작품은 대부분 작품성이 떨어진다. 객관적 관찰이 충분하지 않을 뿐더러 칭찬이나 자랑으로 치우치기 쉽기 때문이다. 그럼에도 불구하고 가족 이야기를 쓰지 않을 수 없는 것은 가장 밀접한 곳에서 애환을 불러일으키는 존재이기 때문이다. 시론이 추구하는 요소들이 결여되었다 하더라도 노년의 아름다운 그림을 완성하기 위해 필수적인 작업일 것이다.

내 잘못입니다

겸손하지 못하였고, 모든 게 나로 인해 시작되었습니다
최고인 줄 알며 낮추지 않고 살아왔습니다

좌복(坐服) 한 장에 삼천 번 나를 버리고 수행합니다
상처받은 도반(道伴)을 위해 만 배를 합니다

한 마리 자벌레 되어 죽비 소리에 맞춰
나를 속이고 있는 나를 찾아갑니다

대신해줄 수 없는 수행을 위해 절합니다

움직이는 명상을 오늘도 시작합니다

—「하심(下心)」 전문

이 작품을 읽을 때, 가슴이 울컥한 이유는 무엇일까. 숨죽은 배추처럼 완전히 내려놓고 정진하는 인간이 가슴 깊이 파고들기 때문일 것이다. 이처럼 겸손한 마음 내려놓기, '하심(下心)'은 삶의 길에서나 시작(詩作)하는 과정에서 유효하게 견지해야 할 태도이다.

첫 행의 모두가 내 잘못이었다는 말이 뭉클하게 전이된다. "겸손하지 못하였고, 모든 게 나로 인해 시작되었"으며, "최고인 줄 알며 낮추지 않고 살아왔"다는 말, "좌복(坐服) 한 장에 삼천 번 나를 버리고 수행합니다/상처받은 도반(道伴)을 위해 만 배를" 한다는 말, "한 마리 자벌레 되어 죽비 소리에 맞춰/나를 속이고 있는 나를 찾아"간다는 말이 한지에 스미는 물처럼 촉촉이 젖어든다.

이제 됐다. 저런 마음만 견지한다면 시인으로서도 생활인으로서도 걱정할 필요가 없겠다. 부디 초심을 잃지 말고 죽는 날까지 새겨 안기 바란다.

문학의전당 시인선 355

선인장이 불러들인 새

ⓒ 안상용

초판 1쇄 인쇄 2022년 11월 23일
초판 1쇄 발행 2022년 11월 30일
지은이 안상용
펴낸이 고영
디자인 헤이존
펴낸곳 문학의전당
출판등록 제448-251002012000043호
주소 충북 단양군 적성면 도곡파랑로 178
전화 043-421-1977
전자우편 sbpoem@naver.com

ISBN 979-11-5896-571-6 03810

*이 시집은 2022년 한국예술인복지재단의 창작지원금을 수혜하여 제작되었습니다.